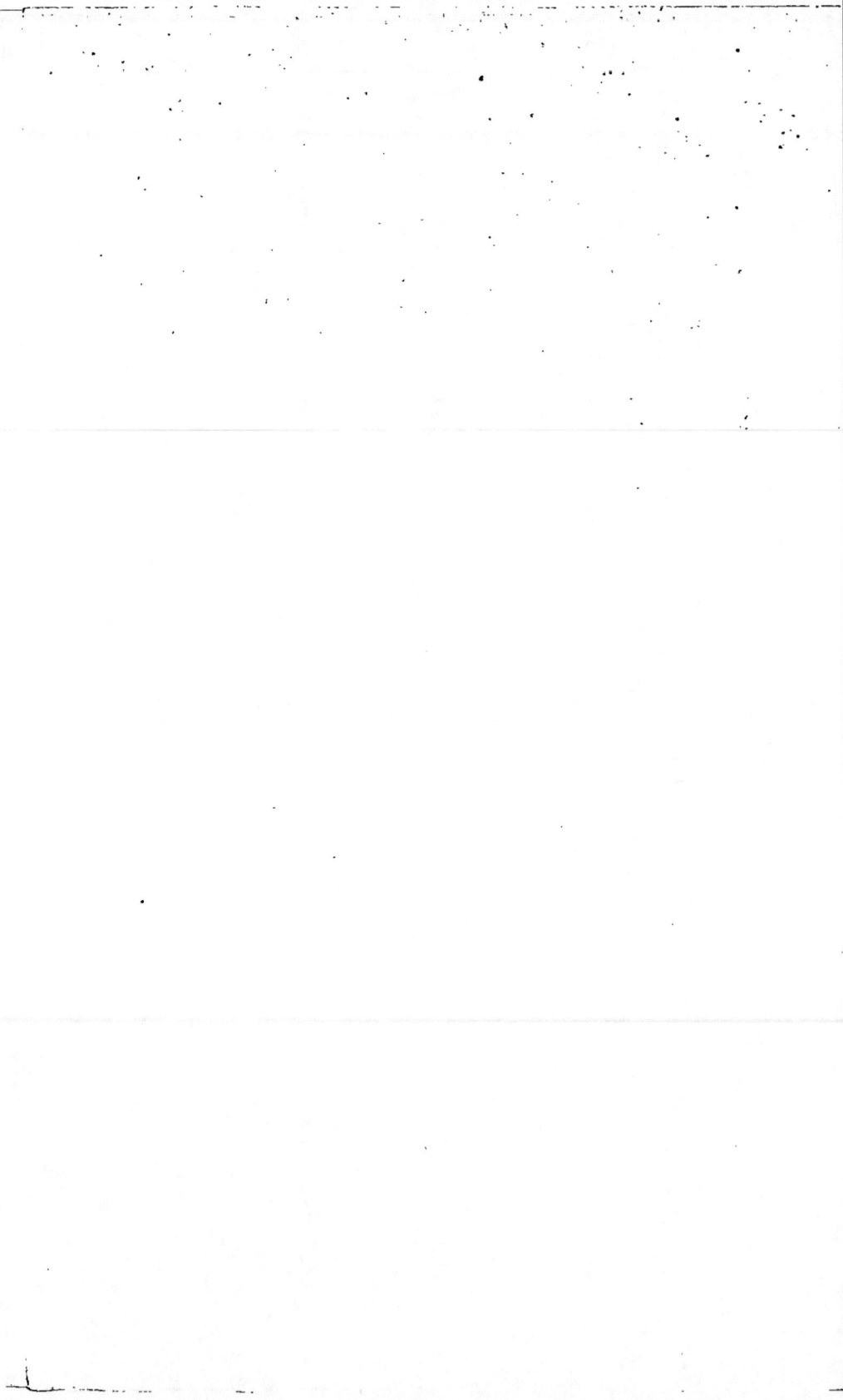

ÉLOGE

FUNEBRE

DE MONSEIGNEUR

LE DAUPHIN.

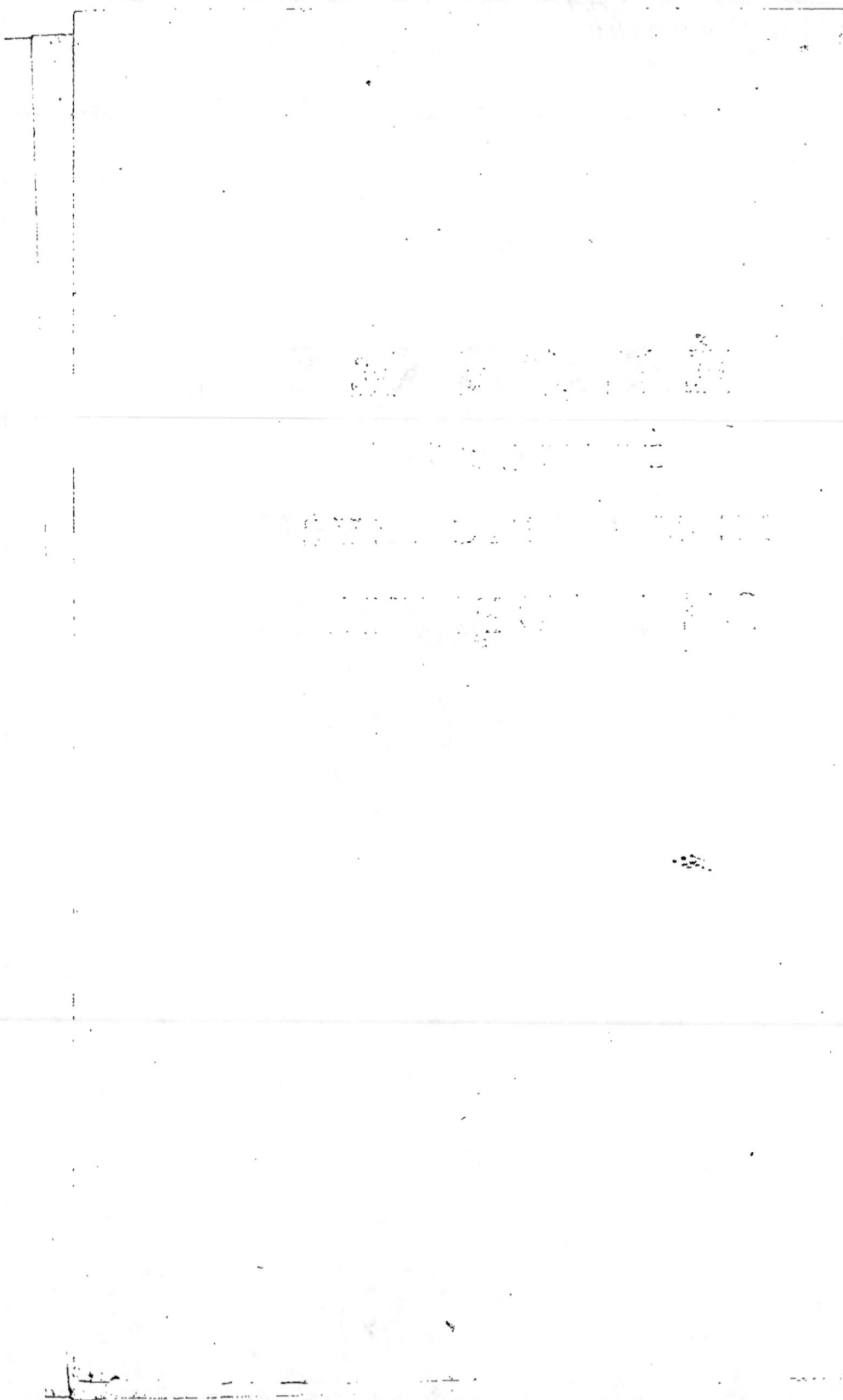

ÉLOGE

FUNEBRE

DE MONSEIGNEUR

LE DAUPHIN,

PRONONCÉ au Collège Royal
de Toulouse, le 16 mars 1766.

*Par M. MARQUEZ, Professeur des Belles-
Lettres au même Collège.*

Obiit majore hominum damno quàm suo. Sueton. *de Tito.*

A TOULOUSE,

Chez SACARAU & DUPLEIX, Libraires,
rue S. Rome, à la Bible d'or,
Acquéreurs du Fonds de M. BIROSSE.

M. DCC. LXVI.

ÉLOGE FUNEBRE

DE MONSEIGNEUR

LE DAUPHIN.

E bras de la mort , qui depuis quelque temps ne ceſſe d'abattre en Europe les têtes les plus augustes , devoit donc remplir la France du deuil le plus triſte & le plus amer ? Un Prince , l'héritier du Trône , l'objet de la tendreſſe des peuples , moiſſonné au printemps de ſon âge ; un grand Roi & une illuſtre Reine frappés dans la partie la plus chère d'eux-mêmes ; une Épouſe déſolée, qui n'aſpire qu'à une place dans le tombeau de ſon Époux ; les Lettres & les Arts pleurant un illuſtre Protecteur ; des vertus précieuſes perdues pour le monde & pour la France

A

en particulier ; fut-il jamais un fujet plus légitime de larmes & de douleur ?

Pourquoi faut-il que la France ait fi fouvent déploré la perte précipitée des Fils auguftes de fes Rois ? par quelle trifte deftinée a-t-elle vu tomber tant de fois avant le temps ces appuis de la Monarchie ? La terre feroit-elle peu digne de leurs vertus, ou le ciel fe plairoit-il par-là à confondre nos vues & nos efpérances ? Adorons avec foumiffion la profondeur de fes décrets ; mais rendons au mérite bienfaifant un hommage que n'exige pas moins l'intérêt des hommes que les droits de l'équité.

Je fais que plus d'une fois les titres feuls & la naiffance ont obtenu les honneurs des éloges publics : l'adulation ne vient pas toujours expirer fur la tombe des Grands. On a vu plus d'un Orateur pallier adroitement leurs défauts, exagérer leurs foibles vertus, jeter un voile fur leurs écarts, montrer enfin à la place de l'homme un héros imaginaire.

L'éloge de MONSEIGNEUR LOUIS, DAUPHIN, rejette de pareils artifices. La voix publique l'a déjà prononcé. La vie de ce Prince ne m'offre par-tout que les plus pures vertus , & je ne prendrai que fur les autels de la vérité l'encens que je dois brûler fur fon tombeau. Vrai difciple de la fageffe, il en écouta la voix & en pratiqua les maximes. La raifon & la foi le placèrent à cette hauteur d'où difparoît tout l'éclat des grandeurs humaines. Dans cet état fublime , qui rapproche des véritables biens , il n'a vu ce monde & fa gloire que comme un vain atome , indigne de fes défirs , & n'a trouvé rien de grand fur la terre que la vertu. Doux , affable , humain , généreux , le bonheur de l'humanité fut le premier vœu de fon cœur & l'ame de fa conduite. Enfant refpectueux & foumis , tendre époux , père fenfible , maître indulgent & facile , délices des grands, reffource des foibles & des malheureux , tous les ordres des citoyens ont partagé la douleur de fa perte.

Mais telle étoit la deftinée de ce Prince, que le terme de fa vie devoit faire fentir tout le prix de fes vertus. Jufque - là fa modeftie nous en avoit dérobé l'éclat ; mais fes derniers momens nous ont montré fon ame toute entière , & la main de la mort , qui decouvre la petiteffe de tant de prétendus

Héros, a mis le dernier trait à la grandeur du DAUPHIN.

O vous, qui ignorez le véritable usage de la vie, & que la seule idée de la mort glace d'effroi, venez apprendre à vivre, venez apprendre à mourir. Vous ne trouverez point ici ces victoires & ces conquêtes qui font le malheur de la terre ; vous y verrez une gloire plus vraie, vous y admirerez des vertus plus dignes de l'immortalité, celles qui ont acquis au DAUPHIN l'amour des peuples & le respect des sages. C'est sous ce double point de vue que l'histoire le présentera à la postérité, & que je dois vous le faire envisager dans la suite de cet éloge.

PREMIÈRE PARTIE.

L A France soupiroit après le moment heureux qui verroit naître un héritier de la Couronne, lorsque le ciel l'accorda enfin à nos désirs. Jamais naissance ne dut pénétrer tous les cœurs d'une joie plus vive. L'Europe, jusque-là désolée par de cruelles guerres, oublioit dans une calme profond ses calamités passées. Les palmes fortunées de la paix ombrageoient le berceau du DAUPHIN, &

formoient un nouveau préfage de la félicité publique. Ses qualités naturelles ne tardèrent pas à fe développer. Une raifon prématurée abrégea pour lui le cours ordinaire de l'enfance, & en fit bien-tôt difparoître les défauts. Il annonçoit dès-lors cette fagacité & cette vigueur d'idées qui ont fait le caraĉtère particulier de fon efprit. Heureux le Prince qui fait cultiver ce don précieux de la nature, & qui dévore avec courage les épines d'un premier travail pour en recueillir un jour les fruits !

Tel parut LE DAUPHIN prefqu'au fortir de l'enfance : fes progrès rapides dans les fciences & dans la vertu faifoient l'admiration de la Cour, & fon exaĉtitude à tous fes devoirs affuroit le fuccès du travail important de fes maîtres. En eft-il, en effet, de plus intéreffant pour un État, & qui fuppofe plus de talens ? Car qu'eft-ce qu'élever la jeuneffe des Rois ? C'eft tenir, pour ainfi dire, dans fes mains le fort des peuples & des empires ; c'eft accoutumer ces ames deftinées au Trône à entendre la vérité, à craindre & à reconnoître la flatterie, à confidérer moins l'éclat que le poids du diadème ; c'eft leur préfenter la grandeur dans l'humanité, la vertu fans la fuperftition & les petiteffes qui la déshonorent, le chriftianifme fous l'augufte fimplicité de l'Évangile ; c'eft, en un mot, former des hommes pour les hommes mêmes, & fouvent préparer la félicité ou le malheur de plufieurs peuples.

Telles furent les heureufes difpofitions du DAUPHIN, qu'elles attendoient à peine les fecours des maîtres. Découvrir fes obligations & les aimer, ne fut pour lui qu'une même chofe. Le fpeétacle de la nature & fon propre cœur lui apprirent qu'il y avoit un Souverain dans les cieux qui juge les Princes & les Rois, devant qui difparoiffent toutes les grandeurs de la terre, & qui ne voit dans les hommes que leurs vices & leurs vertus. Il lut dès ce moment dans fon ame tous fes devoirs gravés par une main divine. Il connut l'étendue des vertus de fon état, & ne travailla plus qu'à les acquérir. Soutien des mortels malheureux, tendre & fecourable humanité, vous régniez déjà dans le cœur de ce Prince. Dans le féjour des illufions, au milieu de cet éclat qui environne les enfans des Rois, & leur dérobe la vue des peuples, le DAUPHIN comprit que leur confiance & leur amour devoient être les premiers objets de fon ambition. Mais parce que ces hommages font toujours volontaires, le jeune Prince s'appliqua à les mériter. Loin de lui ces barrières que l'orgueil oppofe à l'accès, & qui éloigné toujours les cœurs. L'homme qui fent fes défauts & fes foibleffes, peut fe couvrir du voile de la fierté : le DAUPHIN ne craint pas de fe montrer à découvert. Héritier de la première couronne du monde, fon ame eft encore au-deffus. Ce feroit aux perfonnes qui ont eu l'honneur de vivre avec ce Prince, à nous en tracer un portrait fidèle, à nous repréfenter fa politeffe avec les uns, fa gaieté avec les autres, fon affabilité avec ceux-ci, fes égards pour ceux-là, fes attentions envers tous. Ils nous le montreroient, n'offrant à chacun que les qualités qui pouvoient lui plaire, cherchant fes plaifirs dans les yeux de ceux qui l'approchoient, jamais plus content de lui-même que quand les autres en étoient le plus fatisfaits.

Mais c'eft aux circonftances à développer le fond du caractère. C'eft dans les fituations

critiques que l'homme, laiffé entre les mains
de fa force ou de fa foibleffe, eft réduit à
fa jufte valeur. Par quelles épreuves vîmes-
nous paffer LE DAUPHIN dans fes premières années ! Rappelons-nous ces jours mar-
qués par nos triomphes & par nos larmes,
où le plus chéri des Rois, arrêté par un mal
foudain au milieu de fes conquêtes, fembla
paffer du fein de la gloire dans les bras de la
mort. Des ordres facrés avoient jufqu'à ce
moment éloigné LE DAUPHIN du péril &
du tumulte des armes. Mais au premier bruit
du danger qu'il court avec toute la France,
il n'eft plus le maître des mouvemens de fon
cœur. Son amour pour le Roi le fait voler
auprès de ce Monarque, dont le péril a
plongé les peuples dans la confternation &
le défefpoir. Abymé lui-même dans la douleur, il offre fes propres jours au ciel pour
racheter ceux de ce Père augufte. Les larmes
de ce Fils vertueux fléchiffent l'arbitre des
deftinées, le Roi eft rappelé à la vie, & la
France abattue fe relève avec lui. La nature
exigeoit du DAUPHIN ces marques de
tendreffe, je l'avoue ; mais quand je le vois
faire tête au malheur qui le menace, quand

je

je le vois au fortir des bras d'un Père mou-
rant fonger aux befoins de la patrie, voler
au Confeil, y déployer une fageffe au-deffus
de fon âge, y donner l'exemple d'une fermeté héroïque, puis-je ne pas admirer une
ame fenfible sans foibleffe, fupérieure aux
variations de la fortune, trouvant fes reffources dans elle-même, & ne pas déplorer
la perte que viennent de faire nos neveux ?

Un nouveau champ de gloire s'ouvre bien-
tôt aux vertus du DAUPHIN. La moitié de
l'Europe eft en feu : les Rois abandonnent
leurs palais, & vont affronter le fort des
batailles fur les frontières de leurs États. La
jaloufie, l'ambition, les foupçons ombra-
geux, la haine nationale, ont armé contre
nous quatre grandes Puiffances. LOUIS XV,
dépouillant tout intérêt perfonnel, ne récla-
me que les droits de la juftice pour fes alliés.
Une modération fi rare paroît un piège, elle
accroît la défiance de nos ennemis, & la
paix, l'unique objet des défirs du Roi, ne
pouvoit être obtenue que par des victoires.
Quels feront alors les fentimens du DAU-
PHIN ? Son jeune âge ne le difpenfe-t-il
point des fatigues & des périls de la guerre ?

B

laiffera-t-il une jeune Époufe en proie aux alarmes, & paffera-t-il tout d'un coup des brillantes fêtes de l'hymenée fur un théâtre de carnage & d'horreur ? Ah ! tout cède en ce moment à fon amour pour la patrie. Ce n'eft point ici un courage aveugle, enfant impétueux d'une jeuneffe bouillante. La France menacée, la néceffité d'animer la Nation par un grand fpectacle, l'exemple du Roi, qui va offrir fa tête précieufe aux caprices de la fortune ; voilà les objets qui enflamment le jeune Prince, voilà le principe de cet héroïfme qui attire fur lui tous les yeux à Fontenoy. Avec quel éclat y foutient-il l'honneur & la gloire de fon nom ! En vain la fortune paroit - elle à fes yeux prête à trahir la valeur Françoife, envain la mort frappe fans obftacle au-tour de lui, en vain les foudres ennemies portent leur ravage jufqu'à fes pieds, rien n'ébranle l'intrépidité de fon ame. Occupé du feul danger du Roi, il court rallier les troupes difperfées, il afpire à la gloire de vaincre ou de mourir aux premiers rangs, & fa valeur fe plaint du zèle qui lui épargne des dangers fi légitimes.

Mais s'il eft beau de dompter les ennemis

de l'État, qu'il eft glorieux de fe montrer plus grand que la victoire ! Quels objets s'offrent après le triomphe aux yeux du jeune Prince ! une terre teinte de fang, un champ de bataille couvert de morts & de membres difperfés, le François & l'étranger confondus fur ce théâtre affreux de leurs querelles. A la vue de cette fcène d'horreur, le cœur fenfible du DAUPHIN s'attendrit. Il déplore les effets de cette terrible juftice que les Nations exercent entre elles. C'eft là que fa raifon met fon véritable prix à la gloire des conquêtes. Redoutant déjà les charmes de la victoire, le jeune Prince arrofe fes lauriers de fes pleurs, & fon humanité le rend encore plus cher que fa bravoure.

Pouvoit-il ne pas le devenir de plus en plus ? fes jours n'ont été comptés depuis que par fes bienfaits. Oui, MESSIEURS, LE DAUPHIN connoiffoit ce que valent les hommes & ce que leur doit un Prince deftiné à les gouverner. Les Grands n'ont pas toujours une auffi jufte idée de ces devoirs. Combien n'en voit-on pas qui croiroient compromettre leur grandeur, s'ils defcendoient jamais de cette élévation où la for-

tune les a placés, aux yeux de qui les autres hommes ne font que de vils inftrumens
de leurs plaifirs, ou des victimes vouées à
leurs caprices ! Combien qui par pareffe ou
par orgueil incapables de fervir & de nuire,
coulent dans le fein des voluptés des jours
inutiles au monde ! De tels principes de conduite révoltoient le cœur humain du Prince
que nous pleurons. Acceffible aux befoins
& à l'infortune, lui fournir l'occafion de
placer un bienfait, c'étoit gagner fon eftime.
Il ne fe croyoit point né pour jouir du fruit
de l'induftrie des peuples, fans contribuer à
leur bonheur. Le pouvoir de faire du bien
lui parut toujours le plus bel appanage de fon
rang : il n'attendoit pas même pour ouvrir
fa main bienfaifante , que le fpectacle des
mifères humaines vînt émouvoir fon cœur,
& fa compaffion n'étoit point dans fes yeux.
Sans ceffe occupé des maux des indigens , il
les recherchoit avec le même foin que tant de
riches impitoyables mettent à s'en épargner
la vue. Que de largeffes faites à la veuve &
à l'orphelin ! que de mifères cachées par la
honte ; prefque auffi-tôt foulagées que dé-
couvertes ! que de malheureux de toute

efpèce, fecourus par l'abondance de fes au-
mônes ! Familles défolées , dans le fein def-
quelles il porta tant de fois la confolation &
la paix , vous pourriez nous dire avec quel
empreffement il vous arrachoit aux horreurs
de l'indigence. Le feul récit de vos befoins
attendriffoit fon cœur : votre joie dans ces
momens heureux n'étoit pas plus vive que la
fienne , votre douleur fuppiée à la foibleffe
de mes expreffions , & vos larmes ont fait
bien mieux que tous nos difcours l'éloge de
ce bon Prince.

Mais fon humanité embraffoit un objet
plus vafte & plus intéreffant : les biens & les
maux publics trouvoient encore fon cœur
plus fenfible , & ce n'étoient pas de fa part
des vœux impuiffans & ftériles ; les actions,
mieux que les difcours, devenoient les inter-
prètes de fon ame. Tandis que tant d'hommes
avides ou voluptueux s'engraiffent de la fubftance des peuples , qu'il eft beau de voir un
jeune Prince facrifier à leur foulagement le
néceffaire de fa dignité, ménager les tréfors
de l'État, pour diminuer les charges publi-
ques , réfifter à la contagion & au torrent
d'un luxe non moins fatal aux mœurs qu'aux

fortunes des particuliers, difons plus, éprou-
ver au milieu même de l'abondance une forte
de néceffité pour foulager celle de tant de
malheureux, & ne point dédaigner de devenir débiteur pour ne pas arrêter le cours de
fa bienfaifance !

Un oubli fi généreux de foi-même touchera
peu fans doute ces ames à qui il faut toujours
du fpectacle pour être émues. La nature ne
les a pas faites pour juger du mérite d'un pareil facrifice. C'eft aux cœurs bien nés à le
fentir, c'eft aux arbitres éclairés de la gloire
à mettre ce Prince à fa véritable place. Des
villes & des provinces conquifes, il eft vrai,
n'ont point établi fa renommée, les occafions
lui ont manqué; mais des vertus auffi utiles
que les fiennes ont-elles befoin de ces appuis
étrangers? LE DAUPHIN ne fut que ce
qu'il devoit être. Ses triomphes, avec moins
d'éclat, ont été plus réels & plus glorieux.
Toujours jufte & bienfaifant, les cœurs des
peuples furent fes conquêtes. Voilà les titres
de fa grandeur, & malheur à ceux qui lui
chercheroient d'autres droits à la gloire.

Pour lui, MESSIEURS, fans l'avoir jamais en vue, il y alloit par cette vertu à

laquelle les premiers âges élèverent des temples & des autels. L'humanité faisoit son caractère, on eût dit qu'elle avoit formé de ses mains propices le cœur de ce Prince. Quelle preuve éclatante n'en donna-t-il pas dans cet accident malheureux qui devint le tourment de sa vie ? Représentons-nous LE DAUPHIN, après ce coup fatal & innocent, aux genoux de son écuyer, qu'il baigne de ses larmes, arraché avec peine d'auprès de l'infortuné gentilhomme dont l'image accablante le poursuit en tous lieux. En vain, pour calmer son désespoir, on lui assure que la vie du blessé est hors de péril : *Dès qu'il souffre*, dit-il, *ne suis-je pas assez malheureux ?* Mais quelle trace profonde la douleur ne laisse-t-elle pas dans l'ame de ce Prince ! On le voit se punir lui-même, comme s'il étoit coupable, en reconçant à un exercice qu'il aimoit. Sa main désolée trace une lettre de consolation pour cette famille qu'il a privée de son chef. Comblée par lui de biens, depuis ce malheur, elle occupe encore ses derniers momens. Il la recommande aux bontés du Roi, avec ses amis & tous ceux qui l'ont servi, il emporte dans la tombe les regrets

de l'avoir affligée, & le défir de verfer fur
elle de nouveaux bienfaits. Ah ! fi l'on jette
encore après le trépas un regard fur la terre,
fi les vivans intéreffent les morts, avec quel
plaifir l'ame vertueufe de Chambord a-t-elle
vu la fidélité du DAUPHIN à remplir fa
parole ! avec quel tendre intérêt a-t-elle dû
admirer la conftante fenfibilité de ce Prince !

Un cœur auffi bon & auffi compatiffant
affuroit au DAUPHIN l'amour de tous les
François. L'amour eft le premier tribut dû à
la bienfaifance ; les autres hommages, on
peut toujours dire que c'eft la fortune, l'adulation ou l'erreur publique qui les donnent.
Celui-là, c'eft le cœur qui le commande, &
les Grands ne le doivent qu'à eux-mêmes.
Or, MESSIEURS, quel Prince reçut jamais
de plus touchant témoignage de tendreffe ?
Arrêtons un moment nos regards fur le fpectacle que la France vient de nous offrir. Les
vœux & les alarmes ont duré autant que le
péril, & n'ont fini que pour faire place aux
plus vifs regrets. Un nuage d'affliction & de
trifteffe a femblé couvrir la face de ce
royaume. La Cour, la ville, les provinces,
les grands, le peuple, tous les ordres, tous

les

âges, n'ont formé qu'un même cri de douleur & de défefpoir. Le zèle a-t-il rien omis pour rendre le ciel fenfible à nos gémiffemens ? Une foule éplorée n'a ceffé d'affiéger les autels, & nos temples n'ont vu pendant deux mois que des mains levées vers le ciel pour détourner le glaive fatal fufpendu fur une tête fi précieufe : le temps-même, loin de ralentir la ferveur des citoyens, n'a fait que l'animer ; & fi la perféyérance voyoit toujours fes voeux exaucés, LE DAUPHIN ne feroit pas aujourd'hui le trifte fujet de nos larmes.

Pourrois-je oublier la preuve mémorable d'attachement que vous avez donnée à ce Prince, généreux Guerriers, troupe invincible, qui portez fon nom augufte, & qui êtes fi dignes de cet honneur ? Votre zèle, tendrement religieux, touchera les ames fenfibles dans tous les âges. L'hiftoire dépofera que vous offrîtes au ciel pour la confervation du DAUPHIN le plus pur néceffaire, une portion de votre fubftance, prêts à vous fubftituer vous-mêmes à cette grande victime que la mort alloit s'immoler : un jeune folennel que vous impofa votre amour, rendit

C

complet le mérite de votre héroïque charité.
L'image des vertus du D A U P H I N étoit empreinte dans le fond de vos ames. Vous l'a-
viez vu depuis peu parcourir vos rangs, non
avec ce front dédaigneux qui aliène les cœurs,
mais avec cette affabilité qui les captive; fans
autre diftinction que l'éclat de fa vertu, fans
aucune pompe, & vêtu comme l'un d'entre
vous, mais jamais plus refpectable à vos
yeux ; il vous préfentoit comme fes amis à
fon augùfte Époufe, & partageoit avec elle
les tributs de votre admiration & de votre
tendreffe.

C'eft ainfi, MESSIEURS, que LE DAU-
PHIN aimoit à defcendre de fon rang pour
fe rapprocher des autres hommes : fa bonté
franchiffoit l'intervalle que la nature avoit
mis entr'eux & lui. Faut-il être furpris qu'il
ait conftamment joui de l'amour des peuples?
Mais le refpect des Sages, qu'il a pareille-
ment mérité, met le comble à fa gloire.
C'eft le fujet de la feconde partie de fon éloge.

SECONDE PARTIE.

Il eft des vertus qui par leur nature font
en poffeffion des hommages de tous les hom-

mes. Il en est d'autres que le Sage seul peut
apprécier. Exercées dans l'ombre de la retraite, & plus directement utiles à celui qui
les pratique, elles ne peuvent être senties que
par les ames d'un certain ordre. Elles seules
néanmoins forment les vrais Héros, & donnent les droits les plus sûrs à la solide gloire.
Cultiver son esprit, & travailler sans relâche
à perfectionner sa raison ; montrer une ame
supérieure aux passions, & marcher d'un pas
constant dans le sentier de la vertu ; surmon-
ter les terreurs de la mort aux derniers momens de la vie ; voilà ce qui paroîtra toujours grand aux yeux des Sages ; & ce qui
rend LE DAUPHIN à jamais digne de leurs
éloges.

Ce n'est qu'aux Princes aveuglés par l'orgueil, que la flatterie peut persuader que
leurs ames sortent toutes sages & toutes sa-
vantes des mains de la nature. Un piège aussi
grossier ne fut jamais à craindre pour LE
DAUPHIN. Ses premiers progrès dans les
lettres n'avoient fait qu'irriter cette soif de
la vérité qu'il avoit apportée en naissant. Au
milieu de ce frivole qui entoure les Grands,
de ces soins éternels de la décoration exté-

C ij

rieure de l'homme, il connut toute la dignité
de fon ame, & le mépris de la fcience lui
parut moins un trait de préfomption que de
barbarie.

Mais un autre motif l'enflamme de l'ardeur
de s'inftruire, ce font les obligations du rang
fublime auquel il fe voit deftiné. Sa penfée
fe promène fur le vafte empire qu'il aura
peut-être à regir un jour : elle lui découvre,
non fans effroi, cette multitude infinie
d'hommes dont un feul eft chargé de faire
le bonheur. La perfpective du Trône, loin
d'éblouir fes regards, ne lui préfente que les
devoirs immenfes & les écueils de la royauté.
A cette vue, cette ame droite implore les
fecours propices de la fcience, elle fe dévoue
au travail pour fe remplir des lumières de la
fageffe.

Auffi LE DAUPHIN rendit-il prefque tous
les objets de nos connoiffances tributaires de
fon efprit. Les belles-lettres furent fes délices
dans tous les temps. Une ame comme la
fienne pouvoit-elle réfifter à leurs charmes?
Mais elles ne remplirent que fes loifirs : il
s'y livra en Sage, dont elles ornent la raifon,
fans l'énerver. Les fciences exactes fortifiè-

rent fon goût pour la vérité, & lui apprirent
la marche qu'il faut tenir pour la trouver.
L'étude de la philofophie, dont il voulut
fuivre toutes les branches, donna de l'élévation & de l'étendue à ce génie qui fembloit
fi bien fait pour elle. Parlerai-je de fes progrès dans l'hiftoire, cette école perpétuelle
des Princes & des Rois ? LE DAUPHIN y
puifa bien-tôt cette expérience anticipée qui
épargne les fautes, & qui fait lire dans le
paffé les événemens futurs ; car ce n'étoit
pas des faits qu'il y cherchoit, mais des
lumières : la connoiffance des hommes étoit
le but & le fruit de fon travail. C'eft là qu'il
fe convainquit que les maîtres du monde
comparoiffent tôt ou tard au tribunal de la
poftérité, qui les juge en dernier reffort :
l'arrêt qu'elle devoit prononcer de lui-même, s'offroit fans ceffe à fes yeux. C'étoit
la bouffole de fa vie. Sourd au langage des
flatteurs, le fage Prince contemploit dès-lors
fa mémoire dans les fiècles à venir, & tâchoit
d'en mériter un jour les fuffrages.

Ainfi fes études étoient toujours ou fubor-
données ou relatives au grand objet de fa
vocation, & fon goût éclairé pour tous les

arts ne lui fit jamais perdre de vue celui qui
devoit l'occuper tout entier. Que ne peut
l'amour de l'ordre fur un cœur dont il règle
tous les penchans ! Dans un lieu où la voix
féduifante des plaifirs fe fait entendre de
toutes parts à l'ame d'un jeune Prince, LE
DAUPHIN n'éprouve que la paffion d'acquérir les lumières qui peuvent l'éclairer un
jour fur le Trône. La fcience de la légifla-
tion, la politique, deviennent l'objet conf-
tant de fon application & de fes veilles ;
mais cet art que tant de faux Sages ont cher-
ché dans la mauvaife foi & dans l'artifice,
notre Prince le trouve dans fon cœur bienfaifant. C'eft ce cœur qui lui a dicté toutes
ces idées & ces vues, recueillies après fa
mort, monumens éternels de la juftesse de
fon efprit & de la bonté de fon ame. L'homme, dominé par les fens, jouit fans aucun
fruit des merveilles de la création ; le Sage,
en étudiant les deffeins de l'agent éternel, y
trouve un fublime modèle. Le grand livre de
l'univers étoit pour notre Prince comme un
code de politique, où il lifoit les devoirs
des Rois tracés en caractères éclatans. La
conduite de l'Etre fuprême dans le gouver-

nement du monde apprenoit au DAUPHIN
celle qu'un Roi doit tenir pour le bonheur
de fes fujets (a). Sa pénétration y voyoit
l'harmonie néceffaire dans un État, l'abondance qui doit en vivifier les diverfes par-
ties, les reffources deftinées à réparer fes
pertes, tous ces avantages précieux qui font
la gloire des Souverains, & la félicité des
peuples.

Mais à quoi fervent les connoiffances &
les talens, fi la religion n'en eft la bafe ?
Vérités faintes de l'Évangile, trouvâtes-vous
jamais une ame plus docile à vos divins en-
feignemens que celle de ce Prince ? qui
prouva mieux que lui à notre fiècle que la
fupériorité des lumières peut s'allier avec
l'humble foi du chriftianifme ? La religion
ne craint pas l'examen des hommes : elle
n'a à craindre que les ténèbres de leurs paffions. Plus LE DAUPHIN l'approfondit,
plus il y reconnut l'empreinte adorable de
la Divinité. Tout entier à la méditation de
la loi divine, il en faifoit l'aliment de fon

_____

(a) Cette idée eft tirée d'un Manufcrit de la propre main de Monfeigneur le Dauphin.

efprit & de fon cœur , & c'étoit dans cette
fource pure qu'il puifoit la véritable philofophie. De là ce mépris des plaifirs , fi inoui
dans un Prince de fon âge, de là cet attachement & ce zèle pour la foi de fes pères , de
là cette modeftie qui cachoit la variété &
l'étendue de fes connoiffances. Mais les occafions trahiffoient malgré lui cette vertu ,
qui donnoit toujours un nouvel éclat à fon
mérite.

Tranfportons-nous , MESSIEURS , en
idée dans ces confeils auguftes où dans
l'ombre du fecret fe règlent les mouvemens
divers du timon de l'État. C'eft là que le
zèle du bien public force LE DAUPHIN à
déployer tous les tréfors de fon ame: Avec
quelle admiration l'y a-t-on vu démêler les
vrais intérêts de la patrie, concilier la gloire
du Trône avec la félicité des peuples , fe
montrer à la fois homme d'État & citoyen ,
appuyer le fujet utile & éloigné contre les
attaques de l'envie , difcuter avec précifion
les matières les plus profondes, au-deffus des
applaudiffemens , fi l'on fuit fes vues, des
murmures de l'amour propre , fi on ne les
fuit pas, pour tout dire en deux mots , unir

à

à des vertus connues de toute la France
des lumières qui ne méritoient pas moins
de l'être !

C'est cette union précieuse qui constitue
le vrai Sage : union que la perversité des
siècles rend chaque jour plus digne de nos res-
pects. On ne voit que des talens dégradés
par les mœurs : les penchans l'emportent
sur les devoirs , & les panégyristes eux-
mêmes de la vertu marchent le plus souvent
sous les drapeaux du vice. Où trouver un
Sage dans ces jours corrompus ? où trouver
un homme dont la conduite irréprochable
dans tous les temps ferme la bouche à la cen-
sure ? Cet homme si rare, MESSIEURS, la
France l'a vu dans la personne du DAUPHIN ;
suivez-le depuis le berceau jusqu'au cercueil,
vous ne verrez jamais la moindre tache dans
le cours d'une si belle vie. Et dans quel lieu
a-t-il conservé sa vertu toujours entière ? Dans
un lieu où l'illusion est à son comble, les
plaisirs dans leur centre, toutes les passions
dans une perpétuelle activité ; dans un lieu
où l'art de faire mourir les remords dans les
cœurs des Grands ouvre le chemin à la faveur
& à la fortune, où le vice est presque sûr de

D

plaire dès qu'il fauve les bienféances. C'eft dans un pareil féjour qu'un jeune Prince ne détourna jamais fes pas de la carrière des vertus.

Que d'autres empruntent les fecours d'une vaine éloquence pour louer leurs héros, qu'ils en colorent avec art les égaremens ; ici la fimple & naïve vérité fait toute feule le panégyrique. Elle m'offre un Sage qui ne paya jamais à la nature le moindre tribut de foibleffe. On le voit triompher de la force des tentations, des ardeurs de l'âge, des attraits du plaifir, des pièges prefque inévitables de la flatterie. En vain tout ce qui peut allumer les paffions l'affiège de toutes parts, fa vertu inébranlable conferve le calme dans fon cœur, & le met toujours au-deffus de leurs atteintes. Ainfi le fommet de ces montagnes qui femblent toucher aux cieux, demeure calme & ferein, pendant que les orages & les tempêtes défolent les régions inférieures.

Où LE DAUPHIN puifoit-il donc tant de courage & tant de force ? Écoutez, efprits frivoles & diffipés : c'étoit dans la folitude. Il connut l'art de la trouver au milieu même du tourbillon de la Cour, & fut en faire fes plus chères délices. Grands de la terre, hommes chargés de la conduite des peuples, allez refpirer au fein de la retraite, vous y reparerez vos forces épuifées: c'eſt là qu'on habite l'intérieur de fon ame, & qu'on fecoue les chaînes de l'autorité. N'êtes-vous pas raffafiés d'hommages & fatigués de l'encens de vos adulateurs? La fageffe fuit la diffipation & le bruit: la folitude eſt fon afyle. C'eſt là que dans le calme des fens, dans le filence des paffions, vous pourrez interroger la vérité, & qu'elle pourra defcendre jufqu'à vous. Vous y apprendrez que ces titres faſtueux qui vous décorent, ne font pas vous-mêmes. La flatterie vous fait prefque des dieux: la vérité vous dira dans la retraite que vous n'êtes que des hommes. Entrez-y fouvent, vous en fortirez plus éclairés fur vos devoirs, plus amis de vos femblables & de la vertu.

C'eſt là auffi que LE DAUPHIN alloit renouveler les forces de fon ame: il y trouvoit un appui certain contre les écueils de fon état. Sa piété en fortoit plus ferme & plus épurée, & fon héroïfme chrétien alloit remplir la Cour d'une admiration nouvelle.

D ij

Ne vous figurez pas ici une piété désho-
norée par les foibleſſes qu'y mêle l'imper-
fection humaine, une piété découragée dans
les revers, attiédie dans la profpérité, efclave de l'humeur bizarre dans ſes goûts,
ſingulière dans ſes pratiques. Ce ſont là les
défauts de l'homme : ce ne ſont pas ceux de
la piété. Le Dauphin ne ſe fit jamais de
fauſſes idées de perfection, & il ne la vit
que dans la pratique des devoirs de ſon état.
Nous ne ferons donc pas ſurpris qu'il ait
toujours confervé l'amour le plus tendre &
le plus ſoumis pour la perſonne du Roi,
qu'il en ait refpecté les vues & les deſſeins,
qu'il n'ait regardé le Trône qu'en formant
des vœux pour la durée des jours précieux
de ce Monarque, & que l'héritier de l'Empire ait donné l'exemple de la plus parfaite
obéiſſance.

Grande Reine, vous connoiſſiez la tendre
vénération que vous portoit ce cher Fils.
C'étoit dans votre ſein maternel que ce Prince
dépoſoit ſes plus ſecrettes penſées. Digne à
ſon tour de votre confiance, vous daigniez lui
ouvrir votre ame, cette ame le ſanctuaire des
vertus, & le modèle de la ſienne. La religion

devient aujourd'hui votre confolatrice : & fi la mort perce encore votre cœur d'un trait non moins douloureux, fi la perte d'un Père augufte, le Titus de notre âge, met à de nouvelles épreuves votre conftance, votre foi triomphe toujours de la nature, & c'eft aux grandes ames à faire de grands facrifices.

L'admiration fe foutient toujours fous quelque rapport que l'on confidère LE DAUPHIN. Un Prince de ce caractère pouvoit-il ne pas être un Époux accompli ? Ses larmes couloient encore pour une illuftre Époufe moiffonnée dans la première fleur du bel âge, lorfqu'une nouvelle Princeffe parut pour la remplacer dans fon cœur. Le plus inviolable attachement fut auffi-tôt le prix des vertus de MARIE DE SAXE, & jamais deux cœurs n'ont plus vivement partagé les faveurs & les difgrâces de la fortune. Rappellerai-je ici ces jours de fang, fi funeftes à l'Allemagne, où la loi du plus fort réduifit l'augufte Maifon de Saxe aux plus dures extrémités, où la neutralité, ce droit naturel & facré des peuples, fit tout le malheur d'un Roi pacifique, qui vouloit éloigner le fléau de la guerre de fes états ? Ce grand

Prince contraint d'abandonner fa capitale,
une Reine refpectable oppofant en vain une
fermeté héroïque à l'audacè du Soldat ef-
fréné, toute une Royale Famille difperfée &
demandant au ciel un vengeur, quels coups
accablans pour LA DAUPHINE ! Mais
quelle confolation ne trouva-t-elle pas auprès du DAUPHIN ! Sa tendreffe effuyoit
les larmes de cette Époufe affligée, fa fenfibilité en partageoit la douleur, fes foins
hâtoient les fecours deftinés à tirer un augufte
Monarque de l'oppreffion ; & fi la fortune
ne couronna pas toujours nos efforts, elle
ne put ravir à la France la gloire de n'avoir
combattu que pour la juftice.

Mais devons-nous louer LE DAUPHIN
de ce que les moins vertueux pratiquent chaque jour ? Oui, MESSIEURS, le refpect
& l'amour filial, la tendreffe conjugale, l'a-
mitié fraternelle, ne font dans la plûpart des
hommes que les penchans de la nature. Mais
dans ce Prince ils prenoient le caractère facré de la vertu, parce qu'ils avoient pour
principe l'amour de fes devoirs. L'amitié
même, dont il a connu les nobles flammes,
l'amitié, ce fentiment rare & précieux dans

un Prince, ne fut jamais chez lui un goût de
fantaifie & de caprice : la vertu la produifoit
dans fon ame. Il vit du même œil de mépris
l'efclave qui rampe , & le courtifan corrup-
teur. Mais, vous qui futes fes vrais amis,
qu'il honora de fa confiance , que ne puis-je
vous faire parler ici à ma place ! Vous fit-il
jamais fouvenir de fa grandeur, ou s'en fou-
vint-il lui-même avec vous ? Quelle atten-
tion à chercher au fond de vos cœurs vos
peines fecrettes, pour les guérir ! Vous feuls
pouvez dignement célébrer l'aménité de fon
caractère , la fureté de fon attachement , les
charmes de fon commerce, la douceur de
fes mœurs , fur-tout cette tendre fenfibilité
avec laquelle il féchoit lui-même vos pleurs
à fon heure fatale : doux & cruel fouvenir,
qui en vous retraçant des qualités fi rares,
vous offrira fans ceffe la trifte époque de votre malheur.

Tout jufqu'à l'amour paternel étoit dirigé
dans ce Prince par la fageffe. On n'oubliera
jamais ce jeune Duc de Bourgogne dont le
génie prématuré & le grand caractère rappe-
loient à nos efprits fon immortel bifaïeul.
Avec quelle fenfible admiration la France

vit-elle un enfant de neuf ans penfer en Sage,
agir en Prince, & mourir en Héros ! Sa perte,
à jamais douloureufe pour LE DAUPHIN,
ne lui laiffa d'autre confolation que l'efpé-
rance de le voir revivre dans les Princes fes
frères. Quels foins n'a-t-il pas donnés à leur
éducation ? Tantôt il veut prémunir de bon-
ne heure leur jeune cœur contre les féduc-
tions de la flatterie : il leur apprend que la
première différence des Rois à leurs fujets eft
une étroite obligation de les rendre heureux,
& que tous les hommes, pêtris du même li-
mon, n'ont d'autre mérite diftinctif aux yeux
de la Divinité que leurs vertus. Tantôt il
veut les inftruire de la condition & des droits
de la nature humaine. Mais à quelle nouvelle
école les mène-t-il ? Que ne peut ma voix
dans ce moment percer l'enceinte de ces
murs, pour aller frapper l'oreille de tous
les Rois ! C'eft dans la chaumière du labou-
reur que LE DAUPHIN conduit lui-même
les Princes fes fils (b). C'eft fous ce toît rufti-
que, & non fous des lambris dorés, qu'il

_____

(b) Ce fait eft rapporté dans le portrait de feu Monfeigneur le Dauphin, dédié à Monfeigneur le Dauphin.

veut

veut leur donner les premières leçons d'humanité ; c'eſt là qu'il leur montre ces victimes d'un travail pénible, ces nourriciers du genre humain, mangeant à peine un pain groſſier, trempé de leurs ſueurs, & trop ſouvent de leurs larmes. Ombre chérie du grand HENRI, à ces traits vous avez reconnu votre Fils, vous qui avez ſi ſouvent partagé la nourriture frugale de l'habitant des champs, qui vouliez en bannir à jamais la miſère, & y établir le règne de l'aiſance & de la félicité, avec quel doux plaiſir vous avez retrouvé vos ſentimens dans le cœur du DAUPHIN ! Puiſſent-ils germer dans l'ame des Princes ſes enfans, & faire un jour le bonheur de la patrie !

Vous ne perdrez jamais le ſouvenir de ces leçons, Famille déſolée, & vous honorerez toujours ſa mémoire en imitant ſes vertus, vous ſur-tout, aimable Prince, héritier de ſes titres & de ſon nom, qui l'êtes auſſi de ſa belle ame. Votre naïve douleur nous a montré déjà la ſublimité de votre caractère. Ce nom auguſte de DAUPHIN, gage de vos hautes deſtinées, n'a pu frapper pour la première fois en public vos oreilles, ſans faire

E

couler vos larmes (*c*) : larmes précieufes; qui font l'éloge de votre cœur, & le fondement de nos plus douces efpérances.

Mais la France ne devoit pas long-temps jouir des vertus fi rares, & LE DAUPHIN ne devoit régner que fur les cœurs. Sa jeuneffe nous promettoit en vain pour lui de nombreufes années ; la mort a trompé nos efpérances & nos défirs. Mais fi cette circonftance ajoute à la vivacité de nos regrets, elle doit redoubler notre admiration. Les vertus du DAUPHIN, toujours ennemies de l'éclat, ne nous avoient laiffé voir qu'imparfaitement fon mérite pendant fa vie ; mais fes derniers inftans ont raffemblé & réuni, comme dans un feul point, tous les rayons de fa gloire. Quelles admirables leçons nous donne ce Prince aux prifes avec la mort ! Elle ne fond pas tout-à-coup fur lui, & ne lui épargne rien de fes terreurs ; il la voit s'avancer à pas lents durant le cours d'une longue

---

(*c*) Monfeigneur le Duc de Berri étant venu remercier le Roi de fon nouveau titre, on vit fes pleurs couler abondamment lorfqu'il entendit crier par les Gardes : *Place à Monfeigneur le Dauphin.*

& douloureufe maladie. Sur ce lit, théâtre
funèbre où fes jours vont être moiffonnés
encore dans leur printemps, il la voit affife,
pour ainfi dire, à fes cotés, avec cet air
hideux qui fait frémir la nature ; il en reçoit
à chaque inftant quelque nouvelle atteinte,
en attendant quelle frappe le dernier coup.
Mais de quels yeux foutient-il ce fpectacle !
la vue de la mort, dont le feul nom épou-
vante l'oreille des Rois, obfcurcit-elle du
moindre nuage la férénité de fon ame ? Au
milieu des douleurs & des opérations les
plus cruelles, fa bouche ne forme ni plain-
tes ni murmures : fa conftance fe ranime au
fein même du dépériffement. Les reffources
de l'art font épuifées, nos efpérances s'éva-
nouiffent, le mal croît, & laiffe voir de plus
près au Prince le tombeau. Les fronts pâles,
les foupirs mal étouffés, des larmes qui
trompent les efforts qu'on fait pour les retenir, la défolation de tout ce qu'il a de plus
cher, peuvent bien augmenter le mérite de
fon facrifice, mais non pas l'en dégoûter. Il
en contemple l'appareil d'un œil tranquille,
que dis-je ! il en demande la confommation.
Si on lui parle des vœux de la France, fa

modeſtie ne croit pas les avoir mérités : *Pourquoi des vœux ſi ardens*, s'écrie-t-il ? *Je n'ai pu encore lui être utile.* Il lève ſes mains défaillantes vers le ciel, & fait à ſon tour des vœux pour elle. Dans l'impatience où il eſt de s'unir à ſon principe, il craint que la mort trop lente ne ſuſpende ſes coups, & ne lui ouvre pas aſſez tôt les portes de la béatitude : *Je ſacrifierai*, dit-il, *mille vies au bonheur de voir Dieu & de le poſſéder.* Une ſeule penſée l'afflige : c'eſt le déſeſpoir où ſa perte va jeter un Père dont il eſt tendrement aimé. Quelle ſcène attendriſſante s'offre ici à nos regards ? un Roi dans qui les vertus reconnues d'un Fils expirant, redoublent les ſentimens de la nature ; un Fils qui oubliant ſes propres maux, ne ſent que le trait cruel dont ſa mort va déchirer le plus ſenſible des pères ; la tendreſſe paternelle & filiale, ſource d'un mutuel acccablement. Oui, MESSIEURS, LE DAUPHIN, cette ame forte, inébranlable, qui triomphe des horreurs du trépas, ſuccombe à ſa propre tendreſſe ; il ne peut ſoutenir la vue de ces larmes dont il eſt lui-même l'objet, il lui ſemble voir ce cœur paternel dévoré par la douleur : *J'ai bien le courage de mourir*, dit-il au Roi, défolé, *mais je n'ai pas celui de voir l'excès de votre afflicction*, & il détourne fes yeux mourans, trop foibles pour un pareil fpectacle.

Après de fi rudes épreuves, où la religion fubjugue toujours la nature, que reftoit-il à faire à la vertu du DAUPHIN ? Il venoit de voir une Monarque inconfolable, une Mère accablée fous le poids de la douleur, une tendre Époufe dont les foins affidus s'efforçoient en vain de retenir cette chère moitié d'elle-même qui lui échappoit d'entre fes bras, des Sœurs auguftes noyées dans les larmes ; que lui reftoit-il, dis-je, que de laiffer aux Princes fes Fils fes dernières inftructions ? Elles leur feront portées ces tendres expreffions de fon ame, par le Seigneur refpectable qui préfide à leur éducation. La crainte de Dieu, le plus grand refpect pour la religion, une entière foumiffion au Roi, une obéiffance perpétuelle à leur illuftre Mère : voilà les fimples & fublimes leçons qu'il donne à fa Famille.

Ainfi ce Prince fur le bord de la tombe fait admirer la fupériorité de fa raifon, & la grandeur de fon ame : il indique aux précieux

rejetons de fa race les vrais fentiers de la
juftice & de la gloire ; il ne leur fouhaite
que la pratique des obligations de leur état.
Il quitte la terre en Héros Chrétien , & fa
mort n'eft qu'un doux paffage à une meilleure
vie.

Je n'effaierai pas d'exprimer ici les regrets
qu'a excités dans tous les cœurs la perte de
ce vertueux Prince , je ne peindrai pas le
filence de la confternation régnant au fein
de la Famille Royale , & qui n'y a été in-
terrompu que par les fanglots & les gémiffemens. Toutes ces larmes, fi bien méritées,
honorent peut-être moins la mémoire du
DAUPHIN que celle des étrangers : un mérite fupérieur appartient à toutes les Nations.
Les voifins , les ennemis même de Rome
donnèrent des larmes à la mort de Germa-
nicus. Les mêmes vertus ont renouvelé par-
mi nous le même fpectacle : une Nation ri-
vale a mêlé fes regrets aux nôtres. Un citoyen
dont elle s'honore (d) a rendu des premiers
à l'illuftre défunt cet hommage que les cœurs

_____

(d) Lettre du Docteur Matty à M. le Duc de Ni-
vernois.

bien nés de tous les pays doivent aux grandes vertus, & c'eſt la plume d'un Anglois qui a fait un des plus beaux éloges d'un Dauphin de France.

Pour nous, grand Prince, nous regarderons le jour de notre deuil comme celui de vos triomphes. La mort, qui vous enlève au milieu de votre carrière, ne fut point un malheur pour vous ; elle n'eſt malheureuſe que lorſqu'elle termine une vie criminelle, & qu'elle laiſſe ſur notre mémoire la haine & les malédictions des ſurvivans. Jouiſſez au ſein du bonheur de la récompenſe dûe aux bonnes actions que vous avez faites, & à celles que vous voulutes faire. Veillez, du haut de la céleſte demeure, ſur un Roi & ſur une Reine, que vous laiſſez dans l'affliction ; ſur une Épouſe chérie, que la ſeule idée de votre félicité peut conſoler ; ſur des Enfans auguſtes, en qui nous admirons déjà les qualités de votre ame; ſur la France, qui implore votre appui auprès de l'Éternel. Eh ! que vous a ravi le trépas, que quelques jours inutiles à votre gloire ? Nous ne la meſurerons point au nombre de vos années, mais au nombre & aux fruits de vos vertus. Vous avez rempli le cours d'une longue vie par un ufage toujours légitime de votre efprit & de votre cœur : vous futes l'amour de votre Nation, le bienfaicteur des hommes, & le vainqueur de vous-même.

F I N.

Permis d'imprimer. Ce 5 avril 1766. DE MORLHON, *Juge-mage.*

De l Imprimerie de FONTANEL, à Montauban.